Maternités

MAME

Direction : Guillaume Arnaud
Direction éditoriale : Sophie Cluzel
Édition : Emmanuelle Rivoire-Grimaud, avec Marguerite Tourmente

Direction artistique de l'ouvrage : Thérèse Jauze
Direction de la fabrication : Thierry Dubus
Fabrication : Marie Dubourg
Mise en page : Coccinelle / Clotilde Chevalier
Photogravure : Les Caméléons

57, rue Gaston-Tessier, 75019 Paris.
www.mameeditions.com
ISBN : 9782728933693
MDS : MM 33693

Maternités

ANGE PROVOST

MAME

Préface

Lorsque les éditions Mame m'ont contactée pour le projet d'un livre sur la maternité avec Ange, j'ai tout de suite su qu'elle serait la photographe parfaite pour révéler la lumière qui se trouve en chaque maman accueillie dans une Maison de Marthe et Marie. Au fil des pages et des portraits, comment ne pas être touché par le merveilleux qui se dégage de chaque enfant et de chaque maman ?

Car ce sont bien des merveilles que l'on vit à chaque naissance ! Que ce soit dans une famille en bonne santé ou que la grossesse se déroule dans des conditions plus difficiles, une naissance fait naître à la fois un enfant, mais aussi une maman. On peut même se demander si cette maman ne naît pas plus tôt, dès le début de sa grossesse ou même dès son désir d'enfant.

Aujourd'hui, à travers les naissances des mamans et des bébés que nous accueillons, je ne cesse jamais d'être envahie par une vague d'émotions. Par ses photos, Ange nous offre une plongée dans ces émotions de vie. Par les citations et les paroles qu'elle a choisies, elle nous permet de sentir la poésie de ces instants.

Ces mêmes émotions, je les ai ressenties lors de la naissance de mes enfants : tendresse, amour, joie, douceur, fierté aussi. Avec le temps, elles ne s'amenuisent pas. Chaque jour, mes enfants me surprennent, m'inspirent et me font grandir. Et cette aventure, un peu folle peut-être, est la source de tout ce que je vis. Je sais qu'il en est de même pour toutes les mamans.

Nourrissons-nous, grâce à ce livre, de l'expérience de ces sœurs en maternité. Elles partagent avec nous leur parcours, en vérité. Dans leurs regards, dans leurs gestes, dans leurs mots aussi, chacun découvre que, même dans la difficulté et la précarité, une mère connaît un bonheur intense. Il ne s'agit pas ici de penser que tout est facile. Mais il y a, dans chaque cliché, un amour qui donne sens et douceur à tout le reste.

Parcourons les pages de ce livre avec émotion et tendresse et laissons-nous bercer par la poésie de toutes ces mamans.

Merci à chacune d'elles de nous offrir ici un peu de son intimité et merci à Ange d'accompagner notre émerveillement.

Amélie Merle
DIRECTRICE DE LA MAISON DE MARTHE ET MARIE

La Maison de Marthe et Marie

La Maison de Marthe et Marie est une association loi 1901 à but non lucratif. Fondée en 2011, elle vient en aide aux femmes enceintes en difficulté en leur proposant une solution innovante d'hébergement à loyer modéré : la colocation solidaire.

Cette solution de logement permet à ces femmes vivant des situations de précarité, d'isolement, de grossesse imprévue ou autre de mener à bien leur grossesse dans de grands appartements de six à huit chambres. Il s'agit là, pour elles, d'un environnement chaleureux et sécurisant.

L'originalité de notre projet : les volontaires. Des jeunes femmes (qui ne sont pas enceintes), âgées de 23 à 35 ans, s'engagent à vivre au quotidien avec les femmes accueillies, tout en exerçant leur activité professionnelle à l'extérieur de la colocation. Elles contribuent à donner un rythme à la colocation et apportent beaucoup de joie : jeux de société le soir, sorties au parc le week-end et grandes discussions.

Les responsables d'antenne : l'autonomie retrouvée. Une responsable d'antenne, salariée, anime chaque colocation. Elle épaule les femmes enceintes et les guides vers l'autonomie en les aidant à trouver une formation, un travail ou un logement stable. Elle les accompagne au quotidien sur le chemin de la maternité.

Cette organisation permet de répondre aux trois missions que La Maison de Marthe et Marie s'est fixées :

Mission n° 1 : accueillir et prendre soin des mamans et des bébés.

Mission n° 2 : permettre de vivre l'expérience de la colocation et de la vie en communauté.

Mission n° 3 : construire, avec la maman, son avenir et celui de son enfant.

En 2023, l'association anime neuf colocations et prépare de nouvelles ouvertures en France.

La naissance du 150e bébé a été célébrée et les demandes se font de plus en plus nombreuses. Chaque année, l'association reçoit plus de 350 demandes pour seulement 30 places maman-bébé.

Il n'y a qu'un amour profond, sincère, inaltérable,
c'est l'amour maternel.

ALEXANDRE DUMAS, *LE DOCTEUR SERVANS*

Je me suis sentie maman après l'accouchement. Pas quand j'étais enceinte parce que c'est complètement abstrait. Ce n'est pas à l'accouchement non plus parce que c'est tellement incroyable qu'on ne se rend pas compte. C'est un peu après, chez moi. C'est quand on rentre, c'est même un peu encore en ce moment. C'est maintenant que je réalise vraiment. Ça se fait sur la durée ; il n'y a pas de déclic d'un coup.

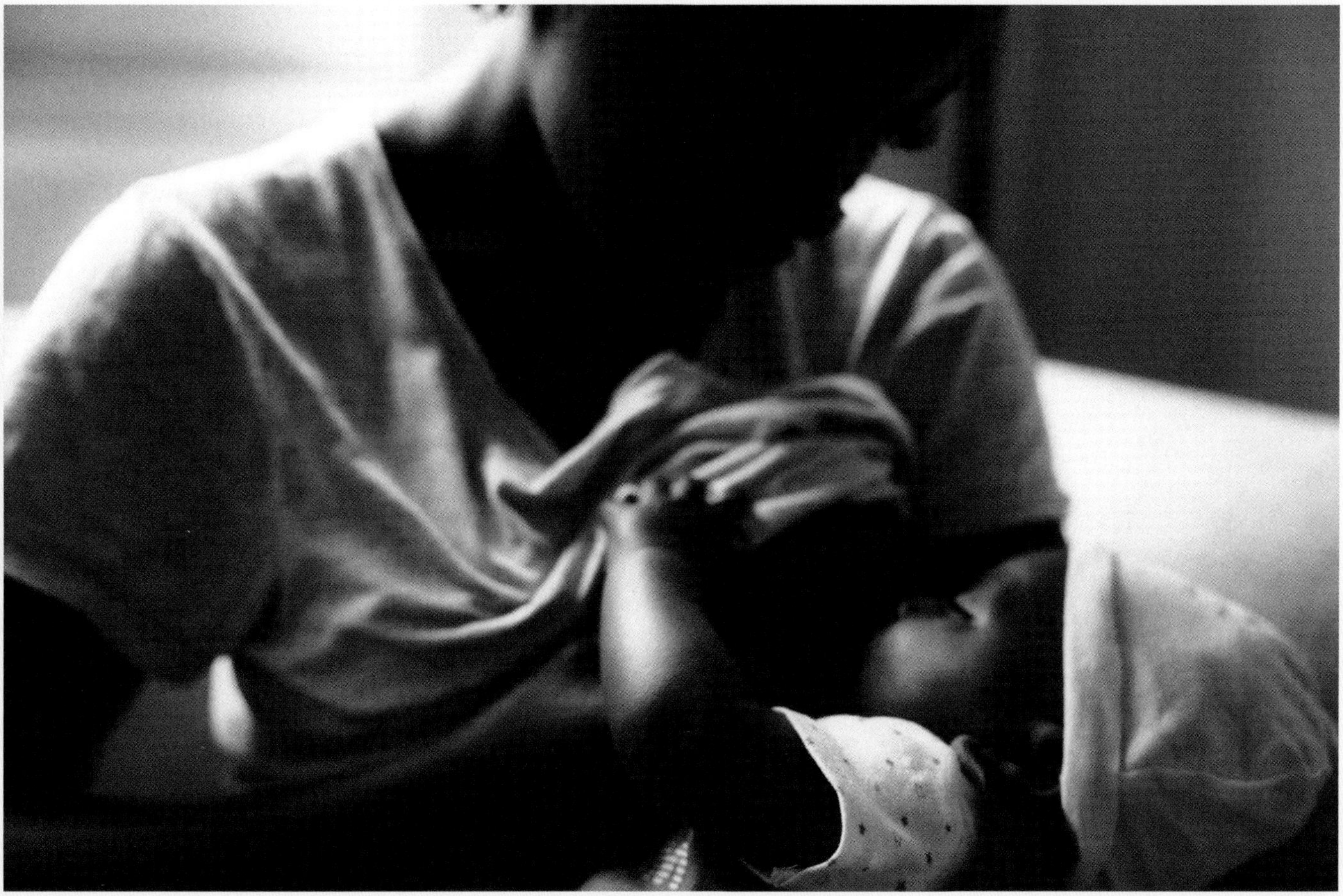

Si le premier de tous les liens est l'amour,
la tendresse maternelle est le second.

JACQUES-HENRI MEISTER, *DE LA MORALE NATURELLE*

À une jeune mère qui aurait peur de ne pas être à la hauteur, je dirais qu'être mère, c'est comme prendre le volant juste après avoir obtenu son permis. En théorie, tout est acquis. Pourtant, on démarre la peur au ventre. Mais c'est justement la peur qui nous rend prudentes, patientes et attentives. Plus on avale les kilomètres, plus la peur se change en carburant : la force.

Céline

La maternité m'a appris à aimer un être que je n'avais encore jamais vu.

Vanessa

Fait d'héroïsme et de clémence
Présent toujours au moindre appel
Qui de nous peut dire où commence
Où finit l'amour maternel ?

RENÉ-FRANÇOIS SULLY PRUDHOMME, *LES VAINES TENDRESSES*

La mère n'avait point seulement transmis la vie :
elle avait, à ses fils, enseigné un langage, elle leur avait confié un bagage
si lentement accumulé au cours des siècles, le patrimoine spirituel
qu'elle avait elle-même reçu en dépôt, ce petit lot de traditions,
de concepts et de mythes qui constitue toute la différence
qui sépare Newton ou Shakespeare de la brute des cavernes.

ANTOINE DE SAINT-EXUPÉRY, *TERRE DES HOMMES*

Le plus beau, c'est de se rendre compte que, malgré la fatigue et les difficultés, on arrive à être forte, à se lever. On a beau dormir une heure, on a quand même assez d'énergie pour s'occuper de son enfant.

Le foyer est là où est la mère.

SAINTE MÈRE TERESA, *PENSÉES SPIRITUELLES*

Il m'était étranger au début, puis nous avons appris à nous aimer. C'est en m'occupant de lui, à travers les petits gestes du quotidien, que j'ai réalisé : je suis maman.

Léa

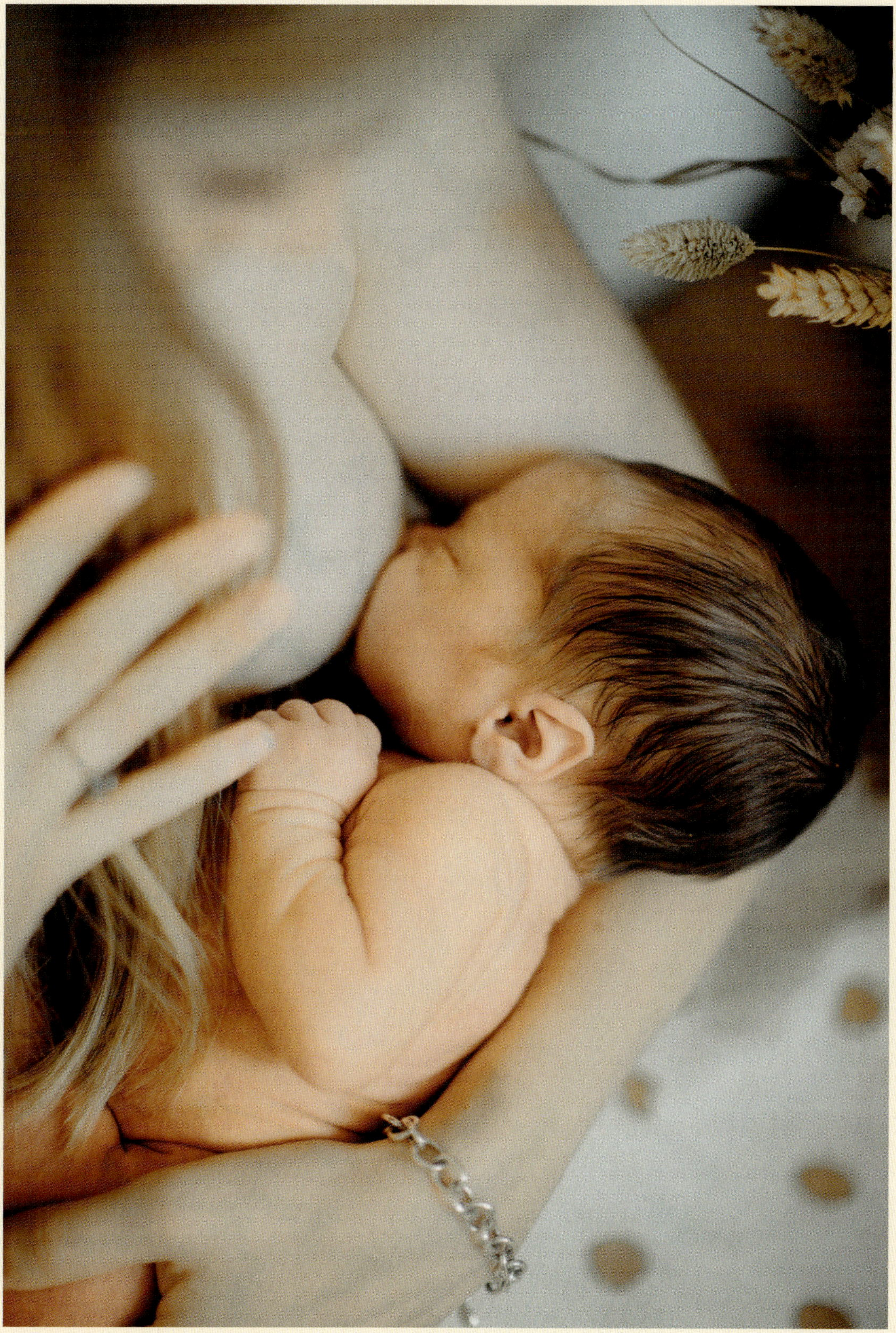

Il suffit qu'une mère voit sourire son enfant
pour être convaincue de la réalité d'une félicité suprême.

FRANÇOIS-RENÉ DE CHATEAUBRIAND, *LE GÉNIE DU CHRISTIANISME*

Même après l'accouchement, nous restons liés. Cet enfant est la chair de ma chair. Il occupe constamment ma pensée.

Charlotte

Une société sans mères serait une société inhumaine,
parce que les mères savent témoigner toujours, même dans les pires moments,
de la tendresse, du dévouement, de la force morale.

PAPE FRANÇOIS

J'ai eu un déclic quand il a eu deux semaines et demi. On est allé aux urgences parce que mon bébé n'était vraiment pas bien. J'étais très mal, j'ai même pleuré ce jour-là et c'est là que je me suis sentie maman. J'avais peur parce que je voyais qu'il était mal. Tout au long de ma grossesse, je me disais que je n'arrivais pas à me sentir maman. Même quand il est né, je le trouvais très beau, c'était mon bébé, mais je n'arrivais pas à me sentir maman. Et quand on est allé aux urgences, cela a tout changé. Depuis ce jour-là, je me sens maman.

Eh ! qui pourrait compter les bienfaits d'une mère ?
À peine nous ouvrons les yeux à la lumière,
que nous recevons d'elle, en respirant le jour,
les premières leçons de tendresse et d'amour.

JEAN-FRANÇOIS DUCIS, *ŒDIPE CHEZ ADMÈTE*

Les premiers instants avec mon bébé ont été des moments miraculeux, ces longs regards entre elle et moi nous suspendaient hors du temps.

Suzy

L'amour est le plus joli larcin que la société ait su faire à la nature ; mais la maternité, n'est-ce pas la nature dans sa joie ?

HONORÉ DE BALZAC, *MÉMOIRES DE DEUX JEUNES MARIÉS*

Embrasse-nous donc, mère aimée,
Oh ! Presse-nous bien sur ton cœur ;
C'est notre place accoutumée,
Dans la joie ou dans la douleur.
Oh ! Le cœur d'une bonne mère,
C'est le bien le plus précieux,
C'est un Bonheur que Dieu sur terre
Laisse tomber du haut des cieux.

ÉLISE MOREAU, « LA FÊTE D'UNE MÈRE »

Je ne sais pas si on peut dire que c'est dur d'être maman, si c'est un terme qui est bien compris par tout le monde, mais c'est une charge mentale et une inquiétude constante de savoir si on fait bien, s'il va bien. Il est dépendant de nous, donc on s'oublie pour lui.

La bonté de la mère est écrite dans la gaîté du marmot.

VICTOR HUGO, *LES MISÉRABLES*

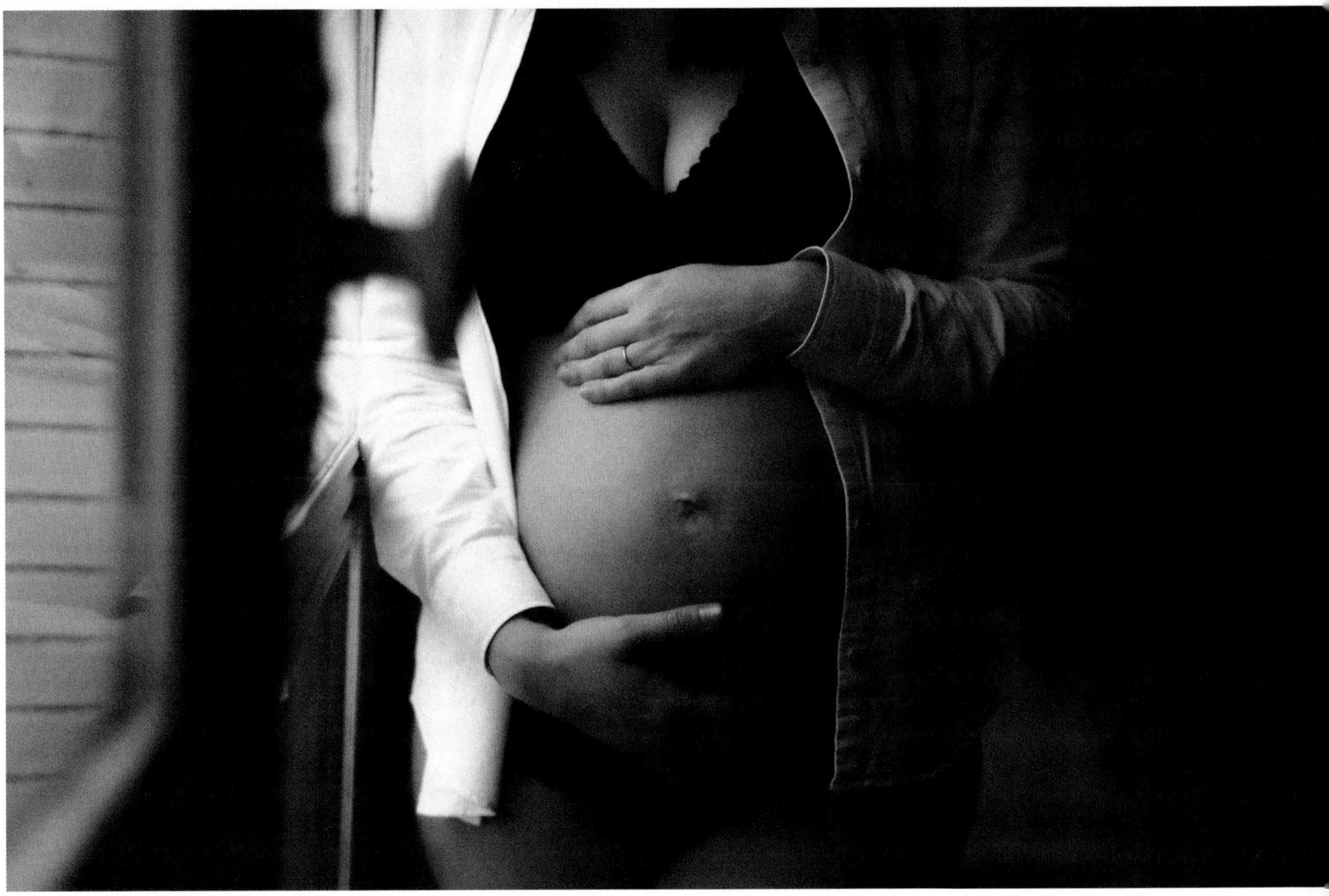

Je suis un terreau dans lequel tu plonges tes racines pour grandir. Prends le meilleur de ce que je peux te donner, mon enfant.

Amélie

L'amour maternel est fait de tout ce qu'il y a de plus délicat dans l'amour,
de tout ce qu'il y a de plus tendre dans l'amitié.

ANNE BARATIN, *DE VOUS À MOI*

On aime sa mère presque sans le savoir,
et on ne s'aperçoit de toute la profondeur des racines de cet amour
qu'au moment de la séparation dernière.

GUY DE MAUPASSANT, *FORT COMME LA MORT*

La maternité, c'est la compréhension que les journées sont longues, mais que les années sont courtes. Une fois cette notion acquise, on trouve de la tendresse même dans les épreuves.

Céline

Avoir traversé la maternité sans ma mère, c'est dur. Quand tu as ta mère à côté de toi, c'est beaucoup plus facile : elle te soutient mentalement, moralement, physiquement, elle te fait des câlins, elle donne des conseils, elle est passée par là. J'ai peur. Parfois, je me demande si je suis une bonne maman.

VOTRE

L'amour maternel rend aux femmes tous les autres sentiments trompés.

HONORÉ DE BALZAC, *LA COMÉDIE HUMAINE*

Ô toi, dont les soins prévoyants,
Dans les sentiers de cette vie
Dirigent mes pas nonchalants,
Ma mère, à toi je me confie.
Des écueils d'un monde trompeur
Écarte ma faible nacelle.
Je veux devoir tout mon bonheur
À la tendresse maternelle.

ALFRED DE MUSSET, « À MA MÈRE »

Le plus beau, c'est la rencontre. Quand je l'ai vu, c'était… J'ai pleuré parce que, quand j'étais enceinte, je me disais : « Est-ce qu'il va me ressembler ? À quoi va-t-il ressembler ? » Et là, tu vois quelqu'un qui sort, qui ouvre les yeux, il est beau et tu te dis : « Oh, c'est mon enfant. » J'ai pu l'avoir tout de suite contre moi, il n'était plus à l'intérieur, je l'avais en face de moi. C'est vraiment magnifique ce que la nature nous fait faire.

Dites-vous, ma petite maman, que vous avez peuplé
ma vie de douceur comme personne n'aurait pu le faire.
Et que vous êtes le plus « rafraîchissant » des souvenirs,
celui qui éveille le plus en moi.

ANTOINE DE SAINT-EXUPÉRY, *LETTRES À SA MÈRE*

L'amour maternel est le seul amour
qui se rapproche un peu de l'amour divin.

HENRI-FRÉDÉRIC AMIEL, *JOURNAL INTIME*

J'ai toujours recherché la beauté : elle me rend heureuse. La maternité m'a offert l'expérience de cette beauté à travers ce lien unique entre mon enfant et moi.

Clarisse

L'amour maternel n'est point chose éphémère,
Il ne trompe jamais, et jamais ne finit.
Le vaisseau vole au port, l'oiseau vole à son nid,
Et le cœur de l'enfant vole au cœur de la mère.

ÉVARISTE BOULAY-PATY, *LA FAMILLE*

L'avenir d'un enfant est l'œuvre de sa mère.

NAPOLÉON BONAPARTE, *MAXIMES ET PENSÉES*

Tu es belle, ma mère,
Comme un pain de froment.
Et, dans tes yeux d'enfant,
Le monde tient à l'aise.

Ta chanson est pareille
Au bouleau argenté
Que le matin couronne
D'un murmure d'abeilles.

Tu sens bon la lavande,
La cannelle et le lait ;
Ton cœur candide et frais

Et l'automne est si doux
Autour de tes cheveux
Que les derniers coucous
Viennent te dire adieu.

MAURICE CARÊME, « TU ES BELLE, MA MÈRE »

L'amour maternel survit à toutes les déceptions,
à toutes les blessures et à toutes les offenses.

LOUISE COLET, « CONSTANCE »

Que ne te dois-je point ? Ô mère tant chérie, tu me donnas le jour,
me nourris de ton lait et je ne dois la vie qu'à ton prudent amour.

VICTOR HUGO, *ŒUVRES D'ENFANCE ET DE JEUNESSE*

On oublie les moments difficiles : l'accouchement, le post-partum, les nuits où on se lève à trois heures du matin. On est claqué, on n'a même pas récupéré de son accouchement, on doit se relever… Tous ces moments difficiles, on les oublie parce que c'est un petit être qui nous apporte tellement au quotidien ! À la fois, il prend toute notre énergie et à la fois, il nous en donne dix fois plus.

L'amour maternel, qui épuise la vie sans s'épuiser lui-même,
et après avoir tout souffert, travaillé le jour, veillé la nuit,
il se paie d'une caresse ou d'un sourire.

ADOLPHE MONOD, *LA MISSION D'UNE FEMME*

Lequel n'espère un avantage
Des échanges de l'amitié ?
Que de fois la mère partage
Et ne garde pas sa moitié !

RENÉ-FRANÇOIS SULLY PRUDHOMME, *LES VAINES TENDRESSES*

L'amour maternel est le moins mièvre des sentiments.
C'est avant tout un acte de résistance contre la férocité du monde.

FRANÇOISE LEFÈVRE, *SE PERDRE AVEC LES OMBRES*

C’est un étrange parallèle, incompréhensible, entre la sensation que cet être a toujours existé et la réalité de son arrivée soudaine.

Lalla

C'est par vous, maman, que l'on rentre.
Vous si faible, vous saviez-vous à ce point ange gardienne,
et forte, et sage, et si pleine de bénédictions,
que l'on vous prie, seul, dans la nuit ?

ANTOINE DE SAINT-EXUPÉRY, *LETTRES À SA MÈRE*

L'amour maternel est le plus indépendant de tous les amours ;
nous aimons notre enfant quel qu'il soit, quoi qu'il fasse,
qu'il afflige ou contente notre amour-propre ; qu'il réponde
à notre tendresse ou qu'il la souffre comme une gêne pour sa liberté.

CLAIRE ÉLISABETH DE VERGENNES, *ESSAI SUR L'ÉDUCATION DES FEMMES*

L'amour d'une mère pour son enfant,
c'est le symbole terrestre et touchant de l'amour de Dieu pour l'humanité.

LOUISE COLET, « CONSTANCE »

Le plus dur, c'est d'arriver à ne pas être paralysée par mes inquiétudes mais de faire confiance à la vie, de lui faire confiance.

Ô ! L'amour d'une mère ! Amour que nul n'oublie !
Pain merveilleux qu'un Dieu partage et multiplie !
Table toujours servie au paternel foyer !
Chacun en sa part, et tous l'ont tout entier !

VICTOR HUGO, *LES FEUILLES D'AUTOMNE*

Ce qui me fascine dans tout ça, que l'on soit croyant ou non, c'est qu'une mère est un don si précieux que, dans la religion catholique, le Dieu incarné, tout puissant, créateur et rédempteur, a, lui aussi, voulu avoir une mère toute à lui.

Lucie

Mère, tu reviendras quand paraîtra l'aurore,
Je te verrai sourire et me tendre la main ;
Pour me bénir aussi, viens m'embrasser encore ;
Adieu, mère, à demain !

ISABELLE RODIER , « LE BONSOIR D'UNE PETITE FILLE À SA MÈRE »

L’amour maternel est si merveilleux qu’on ose à peine en parler :
devant le tabernacle, le plus grand silence est la plus grande admiration.

CAMILLE SCHNEIDER, *LE LIVRE D’OR DE LA MÈRE*

Le plus beau pour moi, c'est de voir l'évolution de la relation avec ses enfants. Au début, ils sont complètement dépendants ; les voir petit à petit prendre conscience du monde qu'il y a autour d'eux, s'éveiller, avoir envie de découvrir et se développer comme des personnes à part entière, tout cela, c'est si beau. Même s'il y a un peu plus de distance, il y a toujours autant d'amour et de confiance et c'est ça que je trouve magnifique. La relation évolue mais reste toujours belle et solide. Ils sont toujours attachés à nous mais différemment. Au départ, c'est dans les câlins que l'on montre notre amour. Avec l'adolescence, une autre complicité se forme. Avant, je redoutais beaucoup l'adolescence et, finalement, il y a d'autres choses qui naissent aussi : des échanges, des vraies discussions de fond. Finalement, on est aussi nourri, même s'il faut faire le deuil de la relation que l'on a eue avec ses bébés. Mais pas le deuil de la relation tout court : elle est toujours là, toujours aussi forte.

Va, tu peux te parer de l'objet de tes soins
Au gré de ton envie,
Car ce peu que je vaux est bien à toi du moins,
Ô moitié de ma vie !

THÉODORE DE BANVILLE, *LES CARIATIDES*

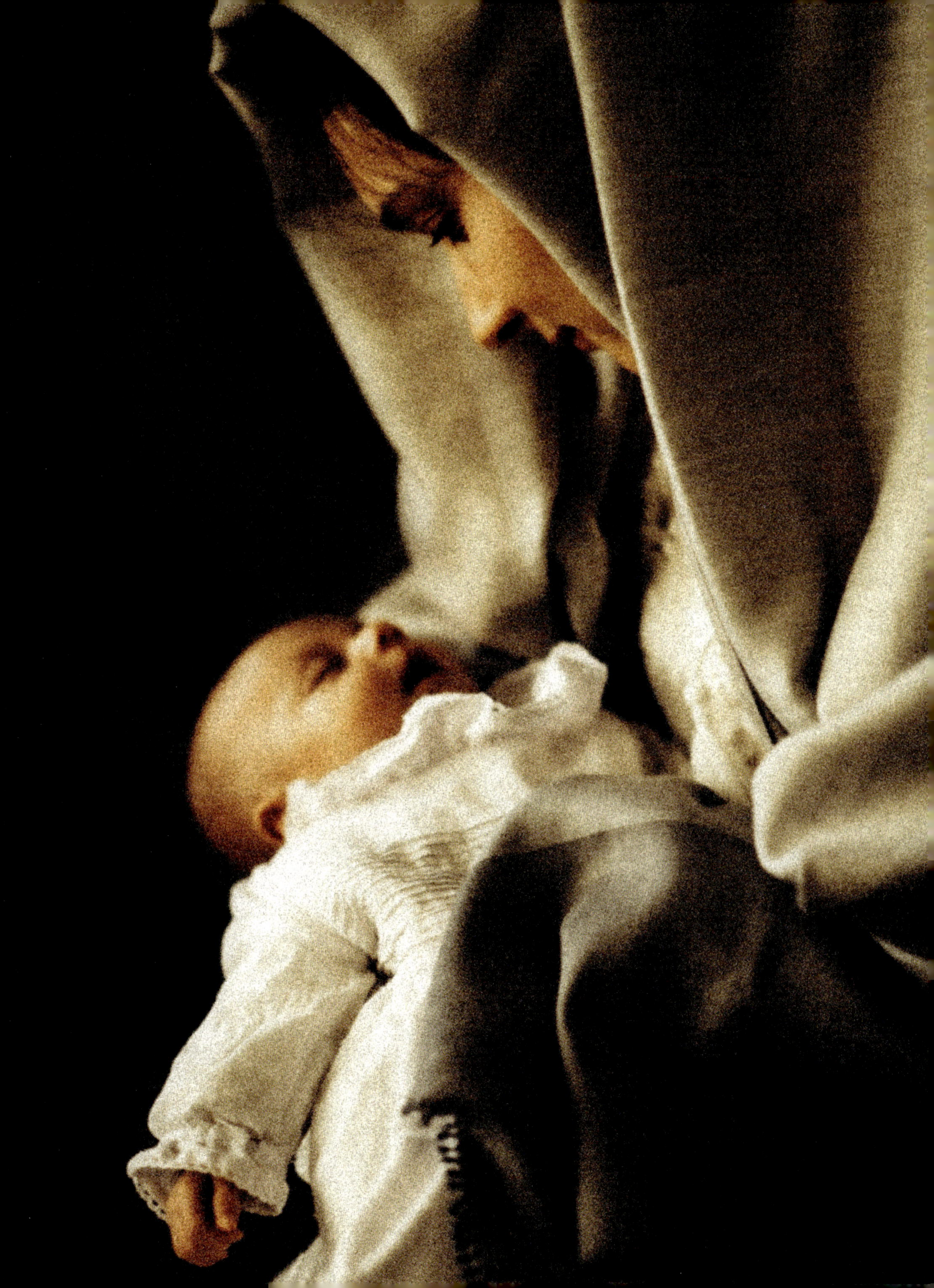

Postface

Quel émerveillement devant tant de beauté et d'amour partagé !

Émerveillement devant ces mamans, devant leurs visages rayonnants, leurs regards lumineux et leurs sourires profonds qui, avec délicatesse et pudeur, nous parlent de l'expérience intime de la maternité. Émerveillement devant tous ces bébés tantôt confiants et souriants, tantôt inquiets et curieux, mais toujours tellement heureux d'être avec leurs mamans.

Gratitude pour toutes ces citations et ces paroles si touchantes qui nous font entrer dans le mystère de la maternité. Un mystère de vie intime et simple, mais également si bouleversant et si intense.

Merci pour ce livre qui nous fait voyager dans les profondeurs de la maternité. C'est comme un bouquet de fleurs de vie où chaque fleur, chaque photo révèle sa beauté propre et nous fait ressentir son parfum unique et si doux.

Qu'il est beau ce chemin de la maternité sur lequel nous avançons, nous les mères, à la rencontre de nos vulnérabilités et de nos forces pour apprendre toujours plus à accueillir et à donner. Pour apprendre à AIMER !

Aline Dard

SAGE-FEMME

FONDATRICE DE L'ASSOCIATION LA MAISON DE MARTHE ET MARIE

FSC
www.fsc.org
MIXTE
Papier | Pour une gestion forestière responsable
FSC® C023419

Achevé d'imprimer en août 2023 par Lego en Italie,
N° d'édition : 23L0594.
Dépôt légal : octobre 2023.